Lithothérapie des animaux

- patricia chaibriant -

Autres livres du même auteur :
- Chakras et intelligences multiples
- Prières et rituels pour attirer l'amour
- SPF : Sans Personnalité Fixe, le trouble de la personnalité narcissique
- Comment ne pas déséquilibrer les chakras des enfants grâce aux Intelligences Multiples
- Les anges et nos pierres de rêve
- La prophétie des pierres précieuses
- Petit dictionnaire des sciences occultes
- Dis-lui pour moi (*nouvelle*)
- Le peu de terre qu'il faut à l'homme (*nouvelle*)

Visitez :
www.patricia-chaibriant.com

Lithothérapie
des animaux

Le Code de la propriété intellectuelle interdit les copies ou reproductions destinées à une utilisation collective.
Toute représentation ou reproduction intégrale ou partielle faite par quelque procédé que se soit, sans le consentement de l'auteur ou de ses ayants droit est illicite et constitue une contrefaçon, aux termes des articles L.335-2 et suivants du Code de la propriété intellectuelle.

Mise en page, design :
Patricia Chaibriant

ISBN : 979-10-97056-06-3

*Mes sincères remerciements
à Yann Le Guen
pour son amitié, son aide précieuse
et sa collaboration
à la rédaction de ce livre.*

Table des matières

La lithothérapie des animaux....................8

Techniques de guérison 12
Précautions importantes............................17

Chakras des animaux 19
Les 8 chakras majeurs..........................24
  Chakra racine - 1er chakra 27
  Chakra sacré - 2e chakra 29
  Chakra du plexus solaire - 3e chakra.....31
  Chakra du cœur - 4e chakra...................33
  Chakra de la gorge - 5e chakra 35
  Chakra du 3e œil - 6e chakra 37
  Chakra coronal - 7e chakra 39
  Chakra brachial - 8e chakra 40
  Chakras mineurs 43

Purification des cristaux.........................45
Principales pierres par symptôme physique et psychologique 51

**Principales pierres
par ordre alphabétique** 58
  Pierres à ne jamais utiliser
  pour réaliser une eau minérale 68

Préparation d'une eau de pierres 71

**Quand les animaux
soignent l'homme** 72
  Lapins et maladies mentales 72
  Personnes hospitalisées 73
  Epileptiques 75
  Personnes incarcérées 78
  Effets bénéfiques des animaux
  sur notre santé 79
  Bienfaits d'un animal pour l'enfant 81
  Bienfaits d'un animal pour
  les personnes autistes 82
  Bienfaits d'un animal pour
  les personnes âgées 83

LA LITHOTHÉRAPIE DES ANIMAUX

Les premières traces d'utilisation des pierres pour les soins remontent à environ 25 000 ans avant Jésus-Christ quand la lithothérapie était, alors, une des principales formes de traitement médical pour les Indiens d'Amérique et les aborigènes d'Australie.

En Europe, nous devons la connaissance de cette thérapie millénaire à Hildegarde de Bingen (*1098-1179*).

Née en Allemagne, dixième enfant d'une famille noble, Hildegarde de Bingen entra au couvent dès l'âge de 8 ans, prononça ses vœux à 11 ans puis devint Abbesse de son couvent.

C'était une femme exceptionnelle connue pour ses connaissances médicales dans lesquelles elle faisait un usage intensif des herbes et des minéraux.

Hildegarde de Bingen écrivit deux traités sur la médecine et l'histoire naturelle. Un de ses ouvrages "**Physica**" (*Liber subtilitatum*) est une encyclopédie dans laquelle elle consacre vingt-six chapitres aux soins avec les pierres précieuses et pierres semi-précieuses en détaillant les nombreuses vertus et pouvoirs des minéraux.

Ainsi, depuis la nuit des temps, les cristaux sont utilisés pour soigner et protéger les humains mais **leurs propriétés curatives sont tout aussi bénéfiques pour**

les animaux de compagnie et les animaux domestiques auxquels elles peuvent apporter aide et guérison contre les maladies physiques, mentales, émotionnelles ou spirituelles.

Les animaux reconnaissant instinctivement les bienfaits de l'énergie cristalline, vous pouvez ainsi faire profiter tous vos animaux des vertus et propriétés des pierres.

Le processus de guérison par l'utilisation de cristaux sur les animaux n'est pas différent de celui utilisé chez l'homme car, comme lui, les animaux utilisent l'énergie transmise par l'Univers et leurs chakras la répartissent dans leur corps.

Bien sûr, si votre animal souffre d'une maladie grave ou d'un problème persistant, vous devez consulter le vétérinaire car les pierres et cristaux naturels peuvent apporter une aide supplémentaire aux soins et recommandations mais, tout comme pour les gens, **il ne faut pas les substituer aux soins du médecin**.

Techniques de guérison

L'état de santé de votre animal doit vous indiquer sur quel chakra travailler et pour cela vous avez à votre disposition de nombreuses méthodes de guérison très simples pour soulager votre animal en période de stress ou de maladie.

La lithothérapie peut être facilement adaptée à toutes les espèces d'animaux mais **il est important d'être équilibré et bien ancré à la terre** avant de soigner votre animal car il perçoit facilement toutes les émotions.

Si vous êtes en état de stress, de nervosité, si vous ressentez de la peur etc., ces sentiments seront détectés par votre animal et amplifiés négativement par les pierres.

Lorsque vous utilisez les pierres avec un animal il faut apporter une grande importance à ses réactions et surveiller le moindre signe d'énervement, de tentatives de fuite et autres avertissements vous indiquant qu'il ne se sent pas à l'aise afin de vous préparer à ralentir ou arrêter complètement le soin car l'effet produit par les cristaux peut parfois être trop rapide ou trop intense pour que l'animal puisse le supporter et, dans ce cas, il peut provoquer des douleurs ou de la gêne.

Les animaux expriment leurs émotions par le mouvement, alors regardez si votre animal semble vous montrer son appréciation ou si, au contraire, il tente de s'éloigner de vous.

Vous saurez que l'effet des pierres est atteint lorsque votre animal vous montrera des signes de soulagement et d'affection.

En complément de l'énergie des pierres, n'hésitez pas à utiliser les fleurs de Bach, la phythothérapie, l'aromathérapie, l'acupuncture, le massage et le Reiki qui produisent de très bons effets sur la santé des animaux.

À part les pierres taillées pour un usage spécifique telles que le Wand, pendule de radiesthésie, icosaèdre etc., quand vous le pouvez, préférez les pierres brutes aux pierres polies car la pierre qui n'a pas été travaillée possède davantage de puissance et d'énergie.

- vous pouvez aider votre animal en plaçant des cristaux directement dans et autour de sa zone de vie.

Par exemple, là où dort votre chien ou votre chat, placez des cristaux sous ses couvertures ou son matelas pour que votre ami à quatre pattes bénéficie des propriétés des pierres et cristaux.

- placez un cristal dans une zone où l'animal passe beaucoup de temps, par exemple sous le coussin du canapé où il aime se reposer.

- attachez un pendentif en pierre naturelle au collier de l'animal afin d'absorber les mauvaises énergies tout au long de la journée.

- pour agir sur une zone spécifique, prenez la pierre dans votre main et, doucement, effectuez des cercles dans le sens des aiguilles d'une montre au-dessus du chakra ou de la partie malade.

- réchauffez les cristaux entre vos mains

et posez-les sur les zones douloureuses.

- préparez une eau minéralisée avec les pierres appropriées aux symptômes de votre animal et donnez-lui cette eau à boire.

- utilisez cette eau minéralisée dans un vaporisateur ou dans l'eau de rinçage de votre animal lorsque vous lui donnez un bain.

- une lampe à sel dans les zones où les animaux dorment ou passent beaucoup de temps, ionise, purifie l'environnement, ajoute des énergies apaisantes, réparatrices et protectrices permettant d'atténuer l'anxiété, de favoriser la relaxation ainsi que d'améliorer la qualité du repos et du sommeil.

- massez votre animal avec un Wand de cristal. Le Wand est une pierre pointue sur une extrémité et arrondie sur l'autre qui s'utilise avec davantage de précision qu'une pierre d'une autre forme sur les zones malades ou pour travailler avec un chakra spécifique.

Précautions importantes

Ne jamais laisser de petits cristaux là où les animaux pourraient les avaler.

Faites attention aux bords tranchants et placez les pierres de façon à ce que votre animal ne puisse pas se blesser.

N'utilisez jamais de produits chimiques sur vos pierres.

Lorsque vous les rangez, protégez-les en les enroulant séparément dans des petits morceaux de tissu ou de sopalin pour éviter les rayures que pourraient provoquer les pierres dures sur les pierres douces comme le lapis-lazuli, la malachite*, la turquoise, l'ambre et l'opale.

CHAKRAS DES ANIMAUX

La plupart des animaux ont 8 chakras majeurs actifs, 21 chakras mineurs et six petits chakras secondaires (*4 dans les pattes et 2 dans les oreilles*).

Les 8 chakras majeurs jouent un rôle important dans le comportement général et les animaux frottent souvent leur corps sur les arbres, les objets, le sol ou sur les gens pour les activer ou les équilibrer.

Les couleurs des chakras des animaux sont les mêmes que ceux des hommes et ils ont les mêmes fonctions.
Tout ce qui provoque une perturbation de la circulation de l'énergie peut entraîner un blocage des chakras car chez l'animal le champ d'énergie est généralement plus large que chez l'homme.

Cette particularité est due à son instinct naturel de survie, elle lui permet d'absorber beaucoup plus d'informations sensorielles que les humains ce qui le rend bien plus sensible aux vibrations subtiles et aux changements atmosphériques.
Ainsi certains animaux deviennent agités avant un orage ou un tremblement de terre car ils ressentent des types de vibrations que les humains sont incapables de percevoir.

Tout comme pour l'homme les chakras des animaux s'harmonisent et s'équilibrent en tenant compte de la particularité et de la couleur de chaque chakra.

L'équilibre de tout le corps de l'animal se fait en commençant par le **chakra brachial.**
Ce 8e chakra est leur principal centre de pouvoir. Il contrôle les rapports avec l'environnement et les hommes.

Chez les animaux ayant de bonnes relations avec leurs compagnons humains ce chakra est très actif, notez que le chakra racine, le chakra du plexus solaire et le chakra coronal restent ouverts de la naissance à la mort des animaux mais les autres chakras sont ouverts ou fermés en fonction des stimulations qu'ils reçoivent.

Pour équilibrer un chakra, il faut identifier de quoi souffre l'animal ce qui vous permet de savoir quel chakra fonctionne mal et a besoin de soins.

Pour savoir quelles pierres choisir, reportez-vous aux sections "**Principales pierres utilisées par symptôme**" et "**Principales pierres par ordre alphabétique**" puis utilisez les techniques de guérison décrites précédemment en complément du massage du chakra concerné avec la pierre qui lui correspond.

Exemple: vous devez vous séparer de votre animal et le confier à quelqu'un.

Il risque de souffrir de cet éloignement ainsi que de ne plus être dans son environnement habituel.
Cette situation peut développer de la peur et de l'anxiété, les chakras concernés sont :
- le chakra racine (*peur*)
- le chakra du cœur (*sentiment d'abandon*)

Pour équilibrer ces chakras il vous faudra utiliser des pierres de couleur noire, rose ou verte et vous pouvez préparer une eau minéralisée avec, au choix, la kunzite, le jaspe dalmatien, le quartz rose, l'ambre etc. ou disposer ces pierres là où votre animal dormira.

Vous n'avez pas besoin **de posséder toutes les pierres**.

Lorsqu'il y en a plusieurs pouvant agir pour le même symptôme, choisissez en fonction de vos disponibilités.

LES 8 CHAKRAS MAJEURS DES ANIMAUX

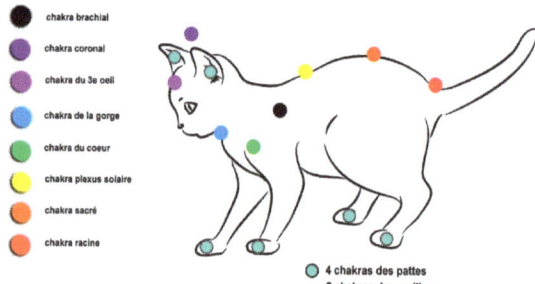

Les chakras du chat

- chakra brachial
- chakra coronal
- chakra du 3e oeil
- chakra de la gorge
- chakra du coeur
- chakra plexus solaire
- chakra sacré
- chakra racine

4 chakras des pattes
2 chakras des oreilles

Les chakras du chien

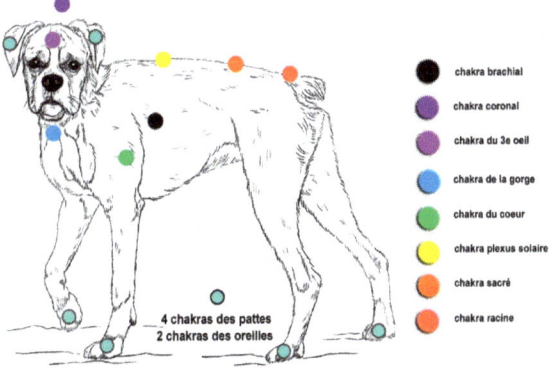

- chakra brachial
- chakra coronal
- chakra du 3e oeil
- chakra de la gorge
- chakra du coeur
- chakra plexus solaire
- chakra sacré
- chakra racine

4 chakras des pattes
2 chakras des oreilles

Couleurs des chakras des animaux

1. rouge : chakra racine
instinct de survie.

2. orange : chakra sacré
centrage, sexualité, créativité.

3. jaune : chakra du plexus solaire
pouvoir, discipline.

4. vert : chakra du cœur
amour, loyauté.

5. bleu : chakra de la gorge
communication.

6. indigo – chakra troisième œil
réception sensorielle.

7. violet : chakra coronal
équilibre.

8. noir - chakra brachial
contrôle les autres chakras

Chakra racine - 1er chakra

Le chakra racine est situé à l'extrémité inférieure de la mœlle épinière à la base de la queue.

Il agit sur les glandes surrénales, la colonne vertébrale, les os, les jambes, le côlon, l'anus, les reins, la queue et les pattes arrières ainsi que sur l'instinct de survie et de préservation, la force physique, la stabilité et la bonne humeur.

Déséquilibre du chakra racine
Lorsque ce chakra fonctionne mal l'animal montre des signes de peur ou de colère. Il peut également souffrir de constipation

ou de problèmes dans les membres inférieurs ou au niveau des pattes.

Lorsque vous pratiquez des soins sur le chakra racine il est conseillé d'être le plus près possible de la terre afin de faciliter un meilleur ancrage chez votre animal.

La couleur de ce chakra est le rouge.

Les pierres à utiliser en priorité sont : rubis, jaspe rouge, grenat ainsi que toutes les pierres de couleur rouge.

Béryl rouge

Chakra sacré - 2e chakra

Le chakra sacré est situé vers le ventre au-dessus des organes sexuels. Ses fonctions sont liées au système urinaire, au pelvis, aux organes reproducteurs, aux organes génitaux, au petit intestin, à l'estomac et au sacrum.

Le Chakra sacré agit sur l'excitation, le désir sexuel et la créativité.

Déséquilibre du chakra sacré
Le déséquilibre de ce chakra peut entraîner des dysfonctionnements sexuels, des problèmes urinaires ainsi que des douleurs au dos. L'animal peut également

avoir des comportements jaloux et possessifs.

Lorsque vous pratiquez des soins au niveau du chakra sacré utilisez, si possible l'élément Eau qui est associé à ce chakra (*bain, shampoing, jeux dans une rivière, arrosage au jet etc.*).

La couleur de ce chakra est orange.

Les pierres à utiliser en priorité sont : ambre, topaze impériale orange, pierre de lune, opale de feu ainsi que toutes les pierres de couleur orange.

Ambre

Chakra du plexus solaire

3e chakra

Le chakra du plexus solaire est situé sur la partie supérieure de la poitrine.
Ses fonctions sont liées à l'estomac, au pancréas, à la vésicule biliaire, au foie, aux reins, au diaphragme, au système nerveux et aux vertèbres lombaires.

Ce chakra agit sur le pouvoir et la volonté, la détermination et l'affirmation.
Inévitablement, la performance de ce chakra est directement affectée par les émotions de l'animal.

Déséquilibre du chakra du plexus solaire

Le déséquilibre de ce chakra peut entraîner une mauvaise digestion ou des troubles de l'alimentation ainsi qu'un manque de volonté ou d'énergie.

La couleur de ce chakra est le jaune.

Les pierres à utiliser en priorité sont : œil de tigre, ambre, citrine, or ainsi que toutes les pierres de couleur jaune.

Soufre

Chakra du cœur - 4e chakra

Le chakra du cœur est situé dans la zone centrale de la poitrine des animaux.
Il joue un rôle important dans le système immunitaire et contrôle le cœur, les poumons et la circulation sanguine.

Il représente la compassion, l'amour et est associé à l'émotion, à l'équilibre, à la sensibilité et au partage.

Déséquilibre du chakra du cœur
Le déséquilibre de ce chakra peut entraîner des problèmes cardiaques ainsi que de l'irritation ou de l'hostilité et affecter la capacité d'un animal à exprimer de l'amour d'une manière ou d'une autre.

La couleur de ce chakra est le vert clair.

Les pierres à utiliser en priorité sont : émeraude, jade vert, malachite* ainsi que toutes les pierres de couleur verte ou rose.

Moldavite

Chakra de la gorge - 5e chakra

Le chakra de la gorge est situé dans la gorge, il est lié aux glandes thyroïdiennes et parathyroïdes et représente le système de communication et d'audition.

Il agit sur la thyroïde, les poumons, le système respiratoire, la gorge, la bouche, les oreilles, les cordes vocales et les pattes avant.

Déséquilibre du chakra de la gorge
Le déséquilibre de ce chakra peut entraîner des difficultés de communication avec l'animal ainsi que des problèmes liés à l'écoute.

La couleur de ce chakra est bleu ciel.

Les pierres à utiliser en priorité sont : aigue-marine, sodalite, lapis-lazuli, turquoise ainsi que toutes les pierres de couleur bleue.

Aigue-Marine

Chakra du 3e œil - 6e chakra

Ce chakra est situé entre les yeux.

Il contrôle la réception sensorielle de l'environnement extérieur et sa transmission au cerveau.

Il agit sur le système nerveux, la tête, le front, le nez et les oreilles ainsi que sur la concentration.

Déséquilibre du chakra du 3e œil
Le déséquilibre de ce chakra peut entraîner des problèmes de vision, un manque d'attention, des problèmes d'équilibre et de coordination ainsi que des migraines.

La couleur de ce chakra est indigo.

Les pierres à utiliser en priorité sont : améthyste, amétrine, cristal de roche ainsi que toutes les pierres de couleur indigo ou violet foncé.

Améthyste

Chakra coronal - 7e chakra

Comme chez les humains ce chakra est situé juste au dessus de la tête, il contrôle le cerveau, les yeux, le crâne, le cortex cérébral et la face. Il est associé à la sérénité et à l'équilibre.

Déséquilibre du chakra coronal
Le déséquilibre de ce chakra peut entraîner de l'instabilité, de la léthargie et un manque d'enthousiasme.
La couleur de ce chakra est le violet.
Les pierres à utiliser en priorité sont : diamant, améthyste, cristal de roche ainsi que toutes les pierres de couleur claire ou violette.

Cristal de roche

Chakra brachial - 8e chakra

Le chakra brachial porte ce nom car il est situé au niveau du plexus brachial, c'est-à-dire au niveau des épaules.

Ce chakra est le plus important chez les animaux, il est le centre d'énergie principale et de lui dépendent tous les autres chakras.

Lorsque vous pratiquez un soin sur votre animal il est conseillé de commencer par ce puissant chakra en particulier dans le cas d'un animal très nerveux ne tolérant pas d'être touché ailleurs.

Chez les animaux très sensibles on peut appliquer un traitement énergétique uniquement par contact avec cette zone spécifique.

Le chakra brachial contrôle aussi l'interaction entre les animaux et les humains.

C'est à partir de lui que se forme le lien entre l'animal et l'homme.

Déséquilibre du chakra brachial
Lorsque ce chakra fonctionne mal il peut entraîner une crainte du contact humain.

L'animal peut devenir extrêmement timide, éprouver de la peur et s'enfuir à votre approche, il peut également montrer des signes d'agression et d'hostilité lorsque vous voulez le toucher ou le caresser.

La couleur de ce chakra est le noir.

Les pierres à utiliser en priorité sont : tourmaline noire, obsidienne flocon de neige, obsidienne noire, onyx ainsi que toutes les pierres de couleur noire.

Tourmaline noire

CHAKRAS MINEURS DES ANIMAUX

Un animal possède quatre chakras mineurs situés au bas de chaque patte (*sabot, griffe etc.*). Ils permettent aux animaux de détecter les changements d'énergie.

C'est grâce à ces chakras qu'un animal parvient à détecter un danger terrestre (*tremblement de terre, incendie etc.*) et qu'il peut s'enfuir avant que cela ne se produise.
Sur ces chakras les pierres à utiliser en priorité sont celles du chakra racine.

Il y a aussi deux chakras mineurs situés à l'ouverture de l'oreille d'un animal.
Ces chakras aident l'animal à détecter les changements d'énergie qu'il ne ressent pas par la terre.

Les pierres à utiliser pour ces 2 chakras sont l'ambre ou le cristal de roche.

Les 21 chakras mineurs des animaux sont des centres sensoriels répartis dans tout le corps de l'animal alors que ceux des pattes et des oreilles sont des centres d'énergie plus petits que les chakras majeurs.

Jaspe

PURIFICATION DES CRISTAUX

Avant toute utilisation pensez à purifier les cristaux que vous venez d'acquérir pour les décharger des énergies négatives et en supprimer les informations qu'ils contiennent.

Purifiez-les aussi après chaque utilisation car une pierre se charge d'énergies nouvelles qui peuvent modifier les résultats des soins.

Toutes les pierres ne peuvent pas être purifiées de la même manière à cause de leur composition chimique.
Certaines peuvent se décomposer si vous les mettez dans l'eau et d'autres peuvent s'abîmer et perdre leur éclat si vous les exposez au soleil.

Exemples de pierres à ne pas faire tremper dans un liquide :
Barite, célestite, fluorite, gypse, halite, malachite*, rhodochrosite, siderite...

Exemples de pierres à ne pas exposer à la chaleur et au soleil :
Améthyste, citrine, émeraude, perle, quartz fumé, opale...

La lithothérapie n'est pas une science exacte et il n'existe aucune règle ou mode d'utilisation particuliers et définis pour utiliser les cristaux dans un but thérapeutique.

Cette méthode de soins par les pierres est, et a toujours été, simple, intuitive, naturelle, accessible aux paysans incultes autant qu'aux spécialistes en médecine holistique et c'est cette simplicité d'utilisation qui a permis sa transmission jusqu'à nous.

Beaucoup de gens dans le monde **n'ont pas les moyens matériels et financiers de consulter un médecin, encore moins un vétérinaire, ni d'acheter un médicament pour eux-mêmes ou lorsque leurs animaux sont malades** alors ils utilisent ce que notre planète met à leur disposition : herbes, plantes, minéraux etc.

Ces personnes n'ont, pour la plupart, **jamais étudié la science ou la médecine**. Ils soignent en utilisant leur intuition ainsi que les connaissances transmises oralement depuis des générations sans les compliquer avec des procédés ésotériques, souvent incompréhensibles et toujours injustifiés.
Il est donc totalement inutile d'utiliser des techniques compliquées pour purifier vos pierres qui, ne l'oubliez pas, proviennent de la terre et sont depuis toujours habituées aux éléments naturels, aux climats

les plus rudes ainsi qu'à tous les changements radicaux qui ont eu lieu sur notre planète.

Les techniques de purification simples applicables à toutes les pierres sont :
- la lumière lunaire
- enfouissement sous terre.

Purification par la lumière de la lune

Placez vos pierres à l'extérieur une nuit entière pour qu'elles bénéficient de la puissance de la lumière lunaire.

La lune est une source de lumière secondaire car elle diffuse la lumière qu'elle reçoit du soleil.

La lumière émise par la Lune a donc un effet plus doux et plus lent que celle émise par le Soleil et peut s'utiliser pour toutes les pierres sans risque de les endommager.

Purification par la terre

La purification par la terre peut être utilisée pour toutes les pierres puisque c'est de là qu'elles proviennent.

Enterrez la ou les pierre(s) pendant une journée entière, si vous le faites en extérieur, placez un marqueur de manière à

pouvoir les retrouver plus tard, sinon vous pouvez les mettre dans un pot.
La terre va absorber l'énergie négative, la disperser et la transmuter en énergie positive.

N'utilisez pas de terreau, qui est une terre traitée.

Wand cristal de massage

Principales pierres utilisées par symptôme physique et psychologique

Les pierres suivies d'un * ne doivent jamais être ingérées ni utilisées pour faire une eau minéralisée

Ancrage : hématite*, quartz fumé, obsidienne noire, onyx noir, tourmaline noire.
Abandon : cornaline, quartz rose.
Abdomen : citrine, cornaline, héliodore, jaspe jaune.
Abus : célestite, cornaline, jade vert, opale des Andes, quartz rose, rhodocrosite, rhodonite, tourmaline rose.
Agressivité : cuivre natif*, danburite, jade, jaspe rouge, kunzite, labradorite, or natif.

Affections hépatiques : bronzite, charoïte, cordiérite, épidote, malachite*, rhodocrosite, serpentine, zircon.
Allaitement : larimar, malachite*.
Allergies : aigue-marine, péridot, topaze bleue, ambre.
Amaigrissement : howlite, magnésite.
Anémie : grenat, héliodore, hématite*, topaze impériale.
Angoisse : aigue-marine, tourmaline verte.
Anxiété : ambre, cristal de roche, dioptase*, jaspe dalmatien, kunzite, quartz rose, pierre de soleil, rhodocrosite, rhodonite, topaze impériale.
Anxiété due à la séparation : ambre, améthyste, dioptase*, émeraude, labradorite, quartz rose, unakite.
Anxiété due à un nouvel environnement: agate, aventurine, dioptase*.
Apaisement général: apatite bleue, célestite, citrine, cristal de roche, chrysocolle*, perle, quartz rose.

Apaisement en transport : amazonite*, kunzite, quartz rose.
Apathie : grenat, œil de tigre, rubis.
Arthrite : améthyste, apatite, azurite, cuivre natif*, chrysoprase, fluorite rouge, grenat, malachite*, rhodocrosite, rhodonite, zircon.
Asthme : ambre, cristal de roche, lapis-lazuli, malachite*, lampes à sel.
Attention et concentration: howlite, lapis-lazuli.

Ballonnements : calcite orange, citrine, cornaline.
Blessures : azurite, hématite*, malachite*, obsidienne larme d'Apache, quartz rose, rhodonite.
Bronchite : chrysoprase, diamant Herkimer, malachite*, quartz fumé, saphir.

Calcium : aragonite, calcite, fluorite.
Colique : aigue-marine, anglésite, jadéite, malachite*, quartz fumé.

Concentration : citrine, fluorite, howlite, pyrite.
Compréhension, communication : cyanite.
Changements de mode de vie : amétrine, améthyste, citrine.

Dépression, stress : aegirine, ambre, kunzite, quartz rose, quartz fumé, tourmaline verte.
Digestion : chalcopyrite, citrine, émeraude.

Fatigue : ambre, apophyllite, chalcopyrite, diamant herkimer, grenat, hématite*, jaspe vert, magnésite, tourmaline verte.
Fertilité : chrysoprase, pierre de lune.
Force (*redonner*) : grenat, hématite*, rutile, zircon.

Gestation: calcite orange, jadéite, unakite, pierre de lune, quartz rose. **Gorge** : lapis-lazuli, cyanite, .

Guérison en général : dioptase*.
Guérison émotionnelle: calcite, cornaline, émeraude, quartz rose, rhodonite, rhodochrosite, tourmaline verte.

Hyperactivité : cavansite, onyx.
Hypertension artérielle : améthyste, jaspe rouge, quartz fumé.
Hypotension artérielle : argent natif, cinabre*, émeraude.

Incontinence urinaire : malachite*.
Insécurité, timidité excessive: citrine, œil de tigre, perle, pierre de soleil.
Instabilité : lépidolite.
Insuffisance rénale: héliotrope.

Lactation: pierre de lune.

Manque d'assurance : agate, aigue-marine, grenat, jaspe rouge, lapis lazuli, malachite*, œil de tigre, pyrite, rubis brut.
Migraine : agate, améthyste, chryso-

prase, grenat, kunzite, malachite*, obsidienne larme d'Apache.

Nervosité, irritabilité : amazonite*, danburite, jaspe, kunzite, labradorite, quartz rose.

Os, squelette : azurite, calcite, corail, fluorite, howlite, œil de tigre, sélénite.

Peau, poils : cornaline, hémimorphite, malachite*, shungite.

Rassurer et apaiser : aigue-marine, améthyste, cavansite, jade, quartz rose, sodalite.
Reproduction : chiastolite, diamant Herkimer, grenat, jade, œil de tigre, pierre de lune.

Sang : héliotrope, hématite*, malachite*, sugilite, zircon.
Sommeil : améthyste, citrine, émeraude,

labradorite, lapis-lazuli, kunzite, quartz rose, rhodochrosite.

Transpiration : émeraude, quartz fumé.
Tristesse : amazonite*, andalousite, aventurine, chrysocolle*, labradorite.

Vue : aventurine verte, émeraude, jade, lapis-lazuli, phénacite, saphir bleu.

Fluorite

Principales pierres par ordre alphabétique

Les pierres suivies d'un * ne doivent jamais être ingérées ni utilisées pour faire une eau minéralisée

Vous trouverez de nombreuses pierres portant le même nom mais ayant des couleurs différentes (*agate, aventurine, fluorite etc.*), utilisez-les en fonction de la couleur du chakra auquel elles correspondent.

Exemples:
- tourmaline rose, verte, melon d'eau pour le chakra du cœur
- tourmaline noire pour le chakra racine,
- tourmaline bleue pour le chakra de la gorge.

Aegirine : pour agir sur la dépression et la léthargie.
Placez un cristal d'aegirine dans une zone où l'animal passe beaucoup de temps, par exemple sous le coussin du canapé où il aime se reposer.

Agate : utile pour les animaux qui vivent dans des zones urbaines ou qui ont peu d'accès régulier à la campagne ou à l'extérieur. L'agate améliore la coordination de toutes les parties du corps d'un animal et peut l'aider à s'adapter plus facilement à un nouvel environnement.

L'eau d'agate renforce la confiance d'un animal nerveux ou timide.

Aigue-marine : calme, apaise et diminue la peur.

Amazonite* : apaise les problèmes nerveux, renforce le cœur, soulage la tristesse.

Ambre : agit sur les problèmes d'estomac, de rate, de rein et d'articulation.
Mettre une pierre d'ambre là où dort votre animal permet de soulager la peur, la dé-

pression et la fatigue. L'ambre est une pierre très apaisante permettant de calmer l'anxiété due à la séparation.

Améthyste : un massage avec une améthyste peut être pratiqué sur toute zone malade du corps de votre animal pour apaiser la douleur et favoriser la guérison. L'améthyste est particulièrement utile pour les articulations douloureuses, pour soulager les animaux âgés atteints d'arthrite, réduire les attaques de panique, de stress ou de séparation chez les animaux de compagnie.

Placez une ou plusieurs améthystes là ou dort votre animal, sous ses couvertures ou dans sa corbeille pour le faire bénéficier des propriétés de cette pierre.

Apatite : soulage l'arthrite et les problèmes articulaires chez tous les animaux.

Aventurine : aide les animaux domestiques à s'adapter à un nouvel environnement : départ en vacances, déménagement, séjour chez le vétérinaire etc.

Utiliser l'aventurine en fonction de sa couleur sur le chakra correspondant.
Azurite : agit sur les maladies osseuses, l'arthrite, les articulations.

Calcédoine bleue : problèmes de gorge, arthrite, infections, hypersensibilité aux bruits.
Calcite : toutes les calcites agissent sur le renforcement des os, des dents.
Utiliser la calcite en fonction de sa couleur sur le chakra correspondant.
Cavansite : calme un animal malade lorsqu'il est nerveux ou agité.
Célestite : calme un animal effrayé qui a été maltraité et l'aide à accepter votre protection.
Cornaline : agit sur les traumatismes résultant d'abus.
L'eau de cornaline calme et apaise les animaux agressifs.
Citrine : digestion et insomnie.
Cristal de roche : agit sur la guérison en

général, facilite la communication entre les animaux et l'homme.

Cyanite : pour faciliter les relations avec un animal.

Si vous ressentez une incompréhension de ce que votre animal de compagnie essaie de vous dire, une pierre de cyanite vous permettra de mieux communiquer avec lui car la cyanite vous aidera à vous rapprocher de vos propres instincts animaux. Portez ce cristal sur vous tout en passant du temps avec vos animaux.

Danburite : pour apaiser et calmer un animal en situation de stress.

Dioptase* : pour ressentir une meilleure compréhension des animaux et apaiser l'anxiété.

Le dioptase* est un cristal au pouvoir apaisant pour le cœur et l'esprit particulièrement lorsqu'un animal ressent de l'anxiété et un sentiment d'abandon s'il est laissé seul pendant de longues périodes ou lorsque son maître est absent. Placez un cristal de dioptase* à proximité de son lieu favori pour soulager la tension causée par cette séparation.

Emeraude : agit sur les problèmes cardiaques.

Fluorite : pour fortifier les os et les dents.
Fluorite bleue : système respiratoire.
Fluorite verte : facilite la guérison en général.

Grenat : pour agir sur la reproduction.

Héliotrope : pour renforcer le système immunitaire d'un animal et l'aider à lutter contre les infections.
Hématite* : pour renforcer le système musculaire.
Howlite : pour renforcer les os et les dents, apaiser, calmer un animal hyperactif et l'aider à se concentrer (*compétition etc.*).

Jade : pour calmer un animal agressif, apaiser et rassurer un animal victime d'abus, agir sur les troubles des yeux, les problèmes de peau, d'estomac, de cœur, de rein et de foie.

Jadéite : pour protéger pendant la gestation.

Jaspe : pour apaiser la nervosité.

Si votre animal a tendance à être nerveux, placez une pierre de jaspe dans sa zone d'activité, le jaspe est une pierre ludique ayant un effet calmant sur les animaux. Son énergie permet d'équilibrer les émotions et l'aide à garder son sang-froid.

Jaspe dalmatien : pour garder votre animal de compagnie ancré et équilibré.

Jaspe léopard: pour rendre un animal plus sociable.

Jaspe océan : pour calmer un animal nerveux.

Jaspe rouge : circulation sanguine.

Lapis-lazuli : pour renforcer le système im-

munitaire et améliorer la concentration.
Labradorite : pour réduire les cas de stress et d'anxiété et stimuler un animal triste.
Lépidolite: agit sur les poils, ongles, sabot.

Malachite* : pour apaiser un animal victime d'abus ou de mauvais traitements et agir sur l'arthrite et les problèmes liés aux articulations.

Obsidienne : pour agir sur les problèmes liés à l'estomac, aux intestins, aux muscles, atténuer les inflammations et le stress.
Obsidienne flocon de neige : calme les animaux facilement agités.
Œil de tigre : système reproducteur, os et colonne vertébrale.
Onyx : pour calmer un animal hyperactif.

Perle : pour rassurer et réconforter les animaux effrayés ou nerveux.

Pierre de Lune : pour protéger la gestation et favoriser la lactation.

Quartz rose : apaise et améliore les relations entre l'animal et l'homme, procure un sentiment de paix et de sécurité. Le quartz rose est particulièrement utile pour les animaux rescapés et ceux qui ont vécu un traumatisme ou un abus avant de vivre avec vous.
Placer un cristal de quartz rose dans le salon bénéficiera à tous les membres de la famille qu'ils soient poilus ou pas!
Quartz rutilé : soulage la dépression et calme les angoisses.
Quartz fumé : élimine les énergies négatives.

Rhodonite : guérison émotionnelle.

Serpentine : éloigne puces et tiques.
Shungite: pour agir sur les problèmes liés à la peau et au pelage.

Sodalite : apaise les crises de panique ou les phobies.

Tourmaline noire : pour apaiser la peur et équilibrer un animal effrayé.
Tourmaline melon d'eau : pour calmer un animal enervé ou en colère.
Turquoise : acidité, infections virales, problèmes d'estomac, rhumatismes.

Unakite : pour apaiser l'anxiété due à la séparation.

Variscite : pour renforcer la confiance chez un animal timide.

Oeil de tigre

PIERRES À NE JAMAIS UTILISER POUR RÉALISER UNE EAU MINÉRALE

Une pierre est dite toxique à cause de sa composition chimique. Celles qui le sont peuvent sans problème être utilisées en soins externes car il en faudrait une **énorme quantité** pour qu'elles deviennent dangereuses pour votre santé et celle de vos animaux.

Par contre, elles ne doivent jamais être ajoutés à l'eau de boisson d'un animal (*ni à la vôtre*).

La règle fondamentale est qu'il faut éviter toutes les pierres contenant des métaux ce qui inclut la **plupart des pierres bleues et vertes** qui doivent souvent leur coloration à ces métaux ainsi que **toutes les pierres ayant un aspect métallique**.

Voici une liste *(non exhaustive)* de pierres à ne pas ingérer :

Amazonite - cuivre
Antimoine - plomb
Atacamite - cuivre
Auricalcite - zinc et cuivre
Boji - soufre
Chalcopyrite - cuivre et soufre
Chalcantite - cuivre et soufre
Cinabre - mercure
Cuivre - toxique
Chrysocolle - cuivre
Cuprite - cuivre
Dioptase - cuivre
Galène - plomb (près de 90 %)
Halite - se dissout dans l'eau
Hématite - rouille dans l'eau
Magnétite - rouille dans l'eau
Malachite - toxique
Marcasite - soufre
Pietersite - aluminum
Psilomélane - baryum
Pyrite - soufre

Pyromorphite - plomb
Réalgar - soufre et arsenic
Stibine - plomb
Ulexite - amiante
Vanadanite - plomb
Wulfénite - plomb et molybdène

Citrine

Préparation d'une eau de pierres

La préparation d'une eau minéralisée est simple puisqu'elle consiste à faire tremper une nuit entière la ou les pierres de votre choix dans de l'eau, si possible, déminéralisée.

Les proportions sont d'environ 250 g de pierres pour 1 litre d'eau.

Préparez uniquement les quantités nécessaires aux besoins de votre animal, cette eau se conserve 3 jours au frais dans une bouteille correctement fermée.

Idées d'utilisations :
- Par voie interne : la faire boire à votre animal.
- Par voie externe : ajouter dans l'eau du bain ou l'utiliser pour un rinçage après le shampoing.
- En spray : mettre dans un vaporisateur afin de projeter le liquide sur votre animal.

QUAND LES ANIMAUX SOIGNENT L'HOMME

L'homme de l'Antiquité reconnaissait déjà les bienfaits que l'animal pouvait lui apporter.
Selon une ancienne croyance un chien permettait aux personnes qui se sentaient menacées de devenir folles de se protéger contre les mauvais esprits.

Ce n'est qu'à partir du XVIIIème siècle que l'on se pencha réellement sur la question des bienfaits des animaux sur l'homme quand, pour la première fois, on a placé des animaux auprès de certaines personnes dans le but d'améliorer leur qualité de vie.

Lapins et maladies mentales

En 1792, dans le Yorkshire, en Angleterre, le Docteur William Tuke, ancien marchand de thé et de café, fonda l'institut "York Retreat". Les procédés non appropriés, souvent minimalistes et parfois brutaux infligés aux malades mentaux le bouleversaient et il voulut créer de nouvelles méthodes thérapeutiques mieux adaptées et tout simplement plus humaines.

Il commença par apporter des lapins et des volailles dans l'établissement puis les confia aux personnes souffrantes pour leur apprendre, entre autre, à mieux se maîtriser et à rester calmes en surveillant et soignant les bêtes.

Les patients se sentirent alors utiles et plus responsables grâce à ces expériences plutôt concluantes.

Personnes hospitalisées

L'utilisation de l'animal comme aide psychologique se développa peu à peu dans d'autres domaines. C'est ainsi que des animaux tinrent compagnie à d'anciens soldats, blessés pendant la Guerre de Crimée.

Florence Nightingale, infirmière dans les hôpitaux de campagne pendant cette guerre et pionnière dans l'utilisation d'animaux dans les hôpitaux, remarqua en 1859 que des animaux de compagnie pouvaient contribuer à remonter le moral de personnes fragiles ou blessées.

Ces petites bêtes, dont une tortue que Florence Nightingale gardait à l'hôpital, réconfortaient les patients durant leur convalescence, leur apportaient de la distraction et contribuaient à diminuer leur anxiété.

Dès la fin de la Première Guerre mondiale, le Docteur White, responsable de l'hôpital Sainte Elisabeth de Washington, intégra lui aussi des animaux dans l'établissement. L'hôpital regroupait des soldats convalescents, internés en unité psychiatrique.

En 1942, durant la Seconde Guerre Mondiale, le personnel de l'hôpital militaire de Pawling, (*un centre de convalescence de l'armée de l'air de New York*), intégra des animaux pour contribuer à accélérer la guérison des blessés, les divertir et leur faire oublier momentanément leurs blessures et leurs souffrances.
Les anciens pilotes pouvaient se distraire en s'occupant de cochons, de bœufs, de chevaux ou de volailles, dans une ferme à côté de l'hôpital.

Epileptiques

En 1867, à Bielefeld, en Allemagne, fut créée l'institution Bethel, un établissement pour personnes épileptiques dans lequel les responsables confièrent de petits animaux aux malades pour améliorer leur état mental.
Ce centre, appelé aujourd'hui "**Epilepsie Zentrum Bethel**" est toujours en fonction

et héberge encore des animaux qui accompagnent les personnes dans leur vie quotidienne.
Une ferme aménagée à proximité du centre accueille désormais des moutons, des chevaux, des chiens et des chats.
A l'intérieur de l'institut, on trouve principalement des aquariums, des oiseaux, des lapins et des hamsters essentiellement pour divertir les malades et leur faire oublier temporairement leurs situations difficiles.

Personnes incarcérées

Ce n'est qu'en 1974 que la première prison ouvrit ses portes aux animaux. Il s'agit du centre de détention "Oakwood Forensic Center", à Lima, dans l'Ohio, aux Etats-Unis.
Les détenus, tous internés en psychiatrie, étaient dépressifs et ne communiquaient pas. Un jour, ils recueillirent un moineau

blessé, le soignèrent et le gardèrent en cachette dans l'établissement.

Le personnel, un peu surpris de cet attachement pour l'oiseau, décida de poursuivre cette expérience positive avec trois perroquets et des poissons puis plus tard, avec des chiens et des chats.

L'objectif était de rendre possible un contact sain et une relation de confiance avec ces animaux pour qu'ensuite les détenus puissent reproduire cela avec un humain.

On remarqua alors une baisse de violence, de colère, de stress et de tentatives de suicide car les animaux avaient créé un échange entre les détenus. Ils les distrayaient et amélioraient l'ambiance générale de la prison.

Des spécialistes vinrent visiter l'établissement et racontèrent avec satisfaction que les prisonniers prenaient un grand plaisir à leur montrer comme ils avaient bien dressé les chiens !

Pour les prisons qui ne peuvent pas accueillir de bêtes, des visites d'animaux sont régulièrement organisées.
Cela permet aux prisonniers de passer du temps avec les animaux, mais également avec leurs propriétaires (*personnes externes à la prison*) ce qui leur crée un lien avec la vie extérieure au milieu carcéral.

Ces quelques exemples illustrent la prise de conscience progressive des bienfaits que l'animal peut apporter à la santé humaine.
L'homme commence en effet à se rendre compte que l'animal peut influencer positivement son moral et son bien-être.

Pourtant malgré ces nombreuses expériences concluantes, il faudra attendre 1944 pour que le premier article de fond sur les bienfaits des animaux soit publié.

L'auteur, James H.S. Bossard, exposa dans une revue les effets bénéfiques de l'adoption d'un chien dans le cadre familial, notamment pour les enfants.
Il attribua à l'animal plusieurs rôles avantageux, comme le fait d'être une source d'amour et de relations sociales, un compagnon ou encore une aide à l'éducation et expliqua comment un animal peut participer à l'amélioration du bien-être chez l'homme.

Effets bénéfiques des animaux

sur notre santé

Les effets favorables de la compagnie des animaux peuvent être observés sur tout individu, qu'il soit malade ou non.
- l'animal est un contact apaisant, une source d'affection inconditionnelle et offre une totale absence de jugement,

- il accepte sans conditions l'affection que lui donne son maître,

- il contribue à donner à l'homme une meilleure estime et une plus grande confiance en lui-même.

Le fait que l'animal soit un auditeur infatigable fait diminuer le stress et calme l'angoisse et l'anxiété. Par sa présence continue il est un précieux soutien lors de périodes difficiles.

Du point de vue physiologique les personnes qui possèdent un chien de taille moyenne sont plus actives car elles doivent le promener au moins une fois par jour, ce qui les force à sortir de chez elles. Cette augmentation de l'activité est à la fois positive pour le système cardio-vasculaire et pour le moral.

L'animal favorise les relations, les discussions et les échanges positifs.

Bienfaits d'un animal pour l'enfant

Chez l'enfant, les effets bénéfiques sont très nombreux. Tout d'abord, la perte d'un animal est souvent le premier deuil auquel il est confronté et cette séparation définitive le prépare à affronter d'autres décès peut-être plus douloureux.

L'animal combat la solitude, et comble parfois l'absence d'un frère ou d'une sœur que l'enfant recherche et désire.

Cet être, qui semble l'écouter, le sécurise lorsqu'il se détache peu à peu de ses parents et lui apporte souvent une grande source d'affection et de réconfort.

En s'en occupant, l'enfant devient plus responsable, se sent valorisé, utile et d'une certaine manière fier de lui.

L'animal peut également être un exutoire à la colère, il calme l'enfant et le rend plus apte à communiquer ses émotions posément car celui-ci est très réceptif à l'attachement que lui porte un animal de compagnie.

Malgré tout il ne faut pas faire de généralités car chaque enfant est différent et l'animal peut tout aussi bien avoir à subir les jeux cruels de son maître !

Bienfaits d'un animal

pour les personnes autistes

L'animal s'avère aussi utile dans le cas de l'autisme, cette maladie qui consiste en un repli sur soi, un isolement face au monde extérieur.

Les personnes autistes sont incapables de communiquer. Elles peuvent être totalement indifférentes à leur entourage et avoir parfois des comportements provocants ou violents.

Malgré cela elles sont très habiles dans des jeux de construction, de mémoire ou de réflexion.

Plusieurs rencontres entre des autistes et

des chevaux ou des dauphins, ont donné des résultats très encourageants.
Les spécialistes ont pu observer que les malades essayaient de donner eux-même quelques ordres à l'animal.
Durant ces activités, la personne apprend à être plus patiente, plus calme et plus ouverte aux autres. L'animal lui permet de sortir de la bulle qu'elle s'est construite autour d'elle.

Bienfaits d'un animal

pour les personnes âgées

Les personnes âgées sont souvent très seules et confrontées à de nombreux décès. Elles développent alors un profond sentiment d'inutilité ou sombrent même parfois dans la dépression.
Leur entourage diminue et leurs contacts sociaux aussi.
C'est alors qu'interviennent les animaux, avec leur apport moral et affectif.

L'animal est avant tout un être vivant qui a des besoins et les personnes âgées qui ont la possibilité de s'en occuper se sentent à nouveau utiles et nécessaires à la survie de quelqu'un. Elles reçoivent de l'attention de ces petites bêtes, mais surtout elles en donnent, ainsi que beaucoup d'affection.

La parole est très importante pour créer un contact avec un petit compagnon à poil ou à plume souvent très attentif à la voix. Les personnes âgées ont moins l'occasion de discuter que des personnes actives et le fait de pouvoir parler à un animal combat la solitude.
L'animal favorise également les échanges avec d'autres personnes, par exemple, lorsque l'on promène son chien.
Pour les personnes âgées en institution, l'animal est un sujet de discussion neutre qui évite les conflits et crée des liens entre les pensionnaires.

Les animaux encouragent aussi la motricité. Caresser un chien, tendre la main vers un oiseau ou donner à manger à un petit rongeur permet aux pensionnaires de bouger, de se lever, et d'être à nouveau un minimum actif.

Avoir des cristaux dans votre cadre de vie est un moyen fantastique de découvrir tout ce que les énergies cristallines peuvent vous offrir car tous les êtres vivants dans votre environnement ressentiront également les effets bénéfiques des propriétés des pierres.

Tout comme les plantes et les animaux sauvages en liberté dans la nature là où les cristaux se trouvent originellement, les animaux bénéficieront aussi des cristaux que vous placerez dans votre maison.

Alors, prenez grand soin de vos animaux et de vos pierres, ils vous le rendront au centuple !

Visitez le site

www.boutiquelithotherapie.com

boutique lithothérapie
vente en ligne
de pierres et cristaux naturels
de qualité

www.ingramcontent.com/pod-product-compliance
Lightning Source LLC
LaVergne TN
LVHW061625070526
838199LV00070B/6585